EU, TU, ELE, ELES

EU TU ELE ELES

2ª EDIÇÃO

FABRICIO CUNHA

Dados Internacionais de Catalogação na Publicação (CIP)
(eDOC BRASIL, Belo Horizonte/MG)

C972e Cunha, Fabricio.
Eu, tu, ele, eles... / Fabricio Cunha. – 2.ed. – São José dos Campos, SP: Ofício das Palavras, 2022.
128 p. : 14 x 21 cm

ISBN 978-65-86892-57-4

1. Literatura brasileira – Crônicas. I. Título.

CDD B869.3

Elaborado por Maurício Amormino Júnior – CRB6/2422

CAPA E PROJETO GRÁFICO Cintia Belloc

Ofício das Palavras
literatura a quatro mãos

Editora Ofício das Palavras
www.oficiodaspalavras.com.br
contato@oficiodaspalavras.com.br
Jardim das Indústrias – São José dos Campos – SP

Para Dedeca e Ditinho.

SUMÁRIO

CAPÍTULO 1 | EU, DE MIM...

CAPÍTULO 2 | TU, DO OUTRO

CAPÍTULO 3 | ELE, DE DEUS

CAPÍTULO 4 | ELES, DA VIDA

CAPÍTULO 1

EU, DE MIM...

Continuando

Perguntaram por mim?

E o que disse?

Pode dizer.

Se nada sabem, diga que vou bem.

Que ainda sonho às vezes.

Que as bandeiras estão rasgadas, puídas, desbotadas, mas ainda tremulam.

Que voltei lá na Vila esses dias pra rever os amigos antigos.

Alguns se foram de lá, outros se foram daqui. Cansaram da terra. Eu continuo por aqui.

Diga que ainda acredito nas gentes. Nem um pouco menos. Um pouco mais, talvez. Acredito mais em menos gente, mas acredito. Tem gente boa sim. Tem gente má também. Mas gente má dá conta de si e os bons sempre se encontram em algum lugar, de alguma forma.

Acredito em Deus. Oro, rezo, faço promessa. Acredito mais ainda. Se não fosse Deus. Não sei muito dele, mas acredito. Não é possível que as coisas sejam só isso aqui que vejo, que pego, que explico e entendo. É mais que isso. Muito mais. Eu acho. E se não for, só de acreditar já vale.

Fala que comprei uma viola caipira, mas que não sei mais tocar. Na verdade, nunca soube. Só de tê-la ali penduradinha, me sinto feliz. A gente precisa de símbolos que nos remetam a algum lugar e que nos lembrem de capítulos bonitos, só por estarem ali, encostados n'algum cantinho onde consigamos vê-los.

Diz que ainda ouço rock e música caipira, mas que aprendi a gostar de MPB. Que pra gostar, é só ouvir. No começo, dá um sono, mas depois vicia. Diz que ainda ouço Legião do mesmo jeito, ouvindo a letra como se tivesse conversando com o Renato Russo. É chato e necessário de vez em quando.

Fala que sorrio menos, mas também choro menos. Aprendi o valor das lágrimas. Elas só valem de vez em quando e nesse "de vez em quando", valem muito. Que se for pra desperdiçar, melhor desperdiçar risadas e esbanjar sorrisos. Quando a vida endurece e a cara fecha, sempre vale guardar um sorriso, mesmo que lá pro fim.

Fala que reencontrei o Vinícius. Que amizade sincera pode congelar um tempo, mas é só requentar que fica boa. O Edy também tá bem, correndo atrás da vida.

Thiagão e o Zé tão adultos, mas continuam legais. Meu irmão dando aula em universidade, acredita?! E minha irmã dando aulas particulares de Língua Portuguesa. Todo mundo vivendo pra Língua materna.

Diz que as crianças tão grandes e que o tempo passa tão rápido. Mesmo. Foge feito vento da mão de quem tenta manipulá-lo. E por isso reclama atenção. Se não der, ele pune com um remorso de doer.

O tempo... Aprendi que o tempo só anda de ida. Que a gente passa tempo demais remoendo o tempo que já foi ou o tempo que ainda não é. E o único tempo que temos, o tempo de agora, se sente órfão da gente mesmo. E daí vai embora.

Mas fala que tô bem.

Que aprendi a namorar silêncios que parecem brandos, mas gritam mais alto que urros. A observar lua, que às vezes brilha cheia, de ofuscar os olhos da gente. Às vezes míngua e suga até o que a gente não tem. Mas volta crescente até se fazer nova, como expressão da própria vida.

Futebol? Continuo fanático, mas não aprendi a jogar. Insisto porque gosto, porque sou de insistir, porque a vida é insistir e insistir. Mas, melhorar, nada.

Diz que viajei por aí, mas que não sou de postar fotos. Que algumas memórias são para os olhos e para o coração. E só.

Fala pra me adicionarem nas redes, mas que prefiro um café. Não bebo café, mas sei fazer. Café não é uma coisa literal. Café é uma ambiência, tipo as redes. Só têm sentido se nos levarem ao encontro.

Voltei a ler poesia e a escrever crônicas. Ninguém as lê. Pergunte se posso mandar algumas. Escrevo para mim, pra ler no futuro, pra lembrar como a vida estava, como eu a via, como a sentia. Talvez não leia nunca, mas escrever é tipo saborear uma porção de eternidade. É saber que um dia, mesmo sem estar aqui, isso pode parar nos olhos de alguém, num coração, talvez. Pode parecer pretensioso, mas escrevo para, n'algum tempo, ser lido.

Diz tudo isso. Ou não diz nada.

Diga só que vou bem e que a vida é continuar.

Que às vezes é viver e em outras, sobreviver.

Mas é continuar, sempre.

Então diz que tô continuando.

O efêmero "relevante"

Tirei a relevância do meu vocabulário.

Troquei pelo efêmero.

Vivi tempo demais em torno e em busca do que é relevante.

Não que o relevante não seja bom, importante, positivo. Mas, amigos, caiamos na real, o que temos nessa vida limitada e bonita é um sem número de deliciosas efemeridades que são, na verdade, as coisas que mais marcam nos marcam.

Tenho boas memórias de momentos relevantes, mas as melhores são dos momentos mais fugazes que vivi.

Eu desejo a eternidade com todas as minhas forças. Ninguém quer morrer, acabar.

Mas eu não a tenho.

Pode ser que ela me tenha. E assim espero.

Quem olha lá na frente, longe demais, não enxerga ao redor, não enxerga perto. E perto é tudo o que temos.

A única coisa que me pertence são os momentos que vivo. Daí a importância que dou a cada um deles. Daí a minha vontade sobrehumana de fazê-los, cada um deles, especial. Daí minha atenção, demasiada às vezes, aos detalhes do que acontecesse comigo e com os meus e do que posso fazer acontecer a mim e aos que amo.

Não estou relativizando a eternidade, só dando trono ao efêmero.

E quem disse que a eternidade não é essa sucessão de efemeridades?!

Recomendações aos meus amigos

Parei pra pensar esses dias e percebi que é muito improvável que eu triplique minha idade. No máximo, conseguirei um pouco mais que dobrá-la.

Ouvi de um amigo que, com 31 anos, não tenho legitimidade para re-significar a fé de ninguém. Aos 44, estou certo de que ele tem razão. E pra que re-significar a fé? Se ela acontece na vida, é a vida que temos que re-significar, talvez.

Quarenta e quatro parece pouco, nem muito nem pouco. Como diz o Villy: "Nunca fui tão velho", portanto como alguém que é "ex" um monte de coisas e se mantém observador, amante, pai e amigo, gostaria de lhes dar algumas recomendações.

Não me verão em muitas delas, pois são uma mistura do que sou e do que quero ser. Ainda assim, sugiro ouvirem uma boa parte:

- Comam orgânicos;
- Bebam menos Coca-cola e mais suco de fruta;

- Abrace quem você ama na chegada e na saída. Pra essas pessoas extinga o aperto de mãos;

- Valorize o ócio, que não precisa ser criativo. Sem ócio não se vê os lírios do campo;

- Faça mestrado e doutorado em "humanas" para tentar entender o inintendível da vida. O mercado não é importante, nem o mundo corporativo, mas, se quiser entendê-los, três artigos de algum guru que ensina a ficar rico porque ficou rico ensinando os outros a ficarem ricos, são suficientes;

- Se ela ainda existir, não leia a revista Veja, nunca. Se não resistir, leia as frases da quarta sessão e só;

- Gaste tempo lendo. No mínimo os *Irmãos Karamazov*, *Antologia Poética* do Manoel de Barros e *Quando tudo não é o bastante* de Harold Kushner, mas não perca nunca o José Simão;

- Leia a Bíblia. No mínimo os Profetas menores e as palavras do Cristo;

- Decore o sermão do monte;

- Não coma fast-food demais. Faça o máximo possível de refeições na mesa. Nada sagrado pode ser fast;

- As redes mentem. Vendem um padrão inalcançável até para os perfeitos que o expressam. É mentira. Juro;

- Tenha muitos filhos e assista seus primeiros passos e ouça suas primeiras palavras;
- Ouça Miles Davis, Chico, Gil e Caetano mas também, Djavan e Lulu. Nando Reis, sempre;
- Ouça gente que fala a partir de uma longa trajetória de vida. Gurus do imediato não merecem seu tempo;
- Imite gente cuja humanidade grita pelos poros;
- Tenha amigos que te importunem, mas que você sabe que estarão lá na hora de atravessar o "Vale da sombra da morte";
- Toque numa banda um período na vida;
- Nunca duvide do amigo mais louco;
- Não brigue no trânsito, rompa o ciclo do mal, não deixe ninguém estragar seu dia por tão pouco;
- Não repasse aos seus relacionamentos o stress de um dia ruim;
- Não pense de você além do que de fato é, ao contrário, diminua-se. Os humilhados serão exaltados;
- Brinque com crianças e como crianças;
- Faça uma serenata;

- Assista “A vida é bela” e “Central do Brasil”;
- Não se leve tão a sério. Nem a vida;
- Fale sozinho;
- Ria de si;
- Não tenha expectativa dos outros. A expectativa é a mãe da frustração e uma prisão muito desleal com quem amamos;
- Não venda suas férias para a empresa. Nunca;
- Visite um hospital infantil;
- Torça pro São Paulo;
- Não tenham pena de si;
- Nunca diga: “não consigo” até a última tentativa;
- “Teime. Se não der, espere, mas teime de novo”, Dona Lindu;
- Aceite ajuda sem orgulho;
- Ouça as pessoas com atenção e acolhimento, olhando nos olhos delas;
- Converse com o menino do semáforo, da calçada, da porta da sua casa. Veja-o como Cristo o vê;

- Aliás, imite a Cristo apaixonadamente em seu jeito amoroso e revolucionário, quase anárquico;

- Não existe nada mais valioso que o tempo;

- Não dê importância demasiada às coisas;

- Invista sua vida na vida dos outros;

- Pão na chapa e pingado, parmegiana, pastel de queijo minas frito na hora;

- Ame sua sogra, se não der finja. Cunhados, deixa pra lá;

- Se for irmão mais velho cuide dos mais novos, se for mais novo, admire o mais velho, se for o do meio, ferrou;

- Seja eternamente grato aos seus pais (se não foram abusivos). Ame-os e não hesite em demonstrar;

- Ame intensamente uma mulher (de cada vez - rsrs - brincadeira, brincadeira mesmo!);

- Busque em primeiro lugar o Reino de Deus e sua justiça; e as demais coisas te serão acrescentadas.

Amo todos vocês.

Tirando o mofo

Eram duas as moças sentadas na minha frente na volta de Goiânia. Eu estava especialmente sensível. Estivera falando sobre a vida, numa comunidade pequena, periférica, barulhenta e vibrante, cheia de alegria.

Faço isso sempre e quando alguém diz que faz "sempre a mesma coisa", é porque já não vê graça no que faz. Dessa vez foi diferente. Trataram-me com muito carinho e ofereceram-me o seu melhor em tudo. Já voltei lá outras vezes e ainda espero passar por lá novamente mesmo a avó daquele povo, uma espécie de matriarca, já tendo partido entre a primeira e a segunda edição deste livro.

Voltemos às moças.

Elas faziam sua primeira viagem de avião. De vez em quando, viajo perto de alguém cuja "virgindade aérea" está sendo perdida. Como pressupõe toda perda de virgindade, elas estavam tementes e excitadas. Observavam tudo, deitavam suas poltronas fora de hora, apertavam todos os botões (na terceira vez, um comissário chato chamou sua atenção), deram as mãos na decolagem, olharam e comentaram cada detalhe da geografia que viam se formando sob seus olhos deslumbrados, repetiram o lanche e guardaram o bolinho de chocolate na bolsa. O cúmulo foi irem juntas ao banheiro.

Fiquei constrangido por elas.

Já andei muito de avião. Sei que não devo baixar a poltrona antes da luzinha do cinto ser apagada. Sei esconder o celular ligado enquanto atualizo as redes pela última vez, com o avião já decolando. Sei que só devo baixar a mesinha, na hora em que os comissários estão próximos. E durmo até em ponte aérea, afinal, ver o que lá embaixo? É tudo igual, feito casinha de formiga.

Perdi o tesão pelo novo. Já perdi essa virgindade faz tempo. E como isso é ruim. A gente se familiariza com as coisas rápido demais e perde de se alumbrar com o novo, que está sempre gritando em volta.

A familiaridade, cega. A mesmice mofa o coração e aí sai mofando tudo em volta.

Não dormi nessa viagem. Li um capítulo do Caio, comi o lanche sentindo o gosto, repeti a Coca-Cola, olhei pela janelinha quando o Comandante avisou que sobrevoávamos o São Francisco. Olha só. Vi o "Velho Chico" bem debaixo de mim. Que visão mais linda, imponente e inesquecível que só seria superada muitos anos depois, quando mergulhei nele e o naveguei de Sergipe a Alagoas. Um presente.

Tirei um pouco do mofo que cobria meu coração e inebriava meus olhos.

Não imagino o nome das moças, mas me fizeram um bem danado. Do seu jeito atabalhoado e sem protocolo, me devolveram ali, naquele voozinho rápido, a vontade de vibrar pelo novo e de me rebelar contra qualquer amarra da mesmice travestida de etiqueta, que tira de mim a vontade de me encontrar com o que ainda não vi e de ser o que ainda não fui e de fazer o que ainda não fiz e de experimentar aquela tal de "novidade de vida".

Nunca mais as vi mas, meninas, obrigado.

Mesmo!

Sobre as perguntas, as respostas e os números

Perguntas e respostas simples e cotidianas, as que passam despercebidas, revelam muito sobre as pessoas.

Acabo de comprar o primeiro apartamento da minha vida, que já não tenho mais agora, na segunda edição. A realização de um sonho. Nunca imaginei que esse dia chegaria, mas, teimosamente, imaginava esse lugar.

Pensava numa sala que comportasse os amigos para assistirmos uma partida do São Paulo Futebol Clube pela TV, numa cozinha que desse para os amigos cozinharem suas especiarias malucas, num quarto que desse para abrigar um visitante, numa varanda onde eu pudesse tocar minha viola, em espaços onde coubessem algumas plantinhas e quadros.

Mas.

Ninguém me perguntou sobre viola, plantas, quarto pra amigo, espaço pra ver jogo. Queriam saber a metragem, o valor, quanto dei de entrada, em quantos anos pagaria. Todas, perguntas cujas respostas seriam números.

Adultos gostam de números. Os números são os aferidores de sucesso. Alguém cujo salário é "x", é mais importante do que o outro alguém cujo salário é "x menos algum número". Quem mora em "y" metros quadrados mora melhor do que quem mora em "y menos algum número" de metros quadrados. Os números são um importante aferidor de sucesso, mas um péssimo aferidor de alegria e contentamento.

Hoje, morando na casa onde nasci, a densidade do que escrevi acima se mostra tão palpável quanto os inúmeros amigos que ascenderam na vida e decresceram eu sua saúde mental, comunitária e espiritual, na mesma proporção em que alguns outros trocaram esses números todos por um tipo de vida onde os números são fundamentais para se saber a quantidade de colheres que se deve colocar num coador de café .

Por isso prefiro as crianças. Conhecem pouco sobre os números. A Catarina gostou do cachorro, o Thiago, do pequeno salão de brinquedos e a Sophia do papel de parede roxo, a única coisa que eu mudaria na casa. Não sabem, nem querem saber nenhum outro dado sobre sua nova residência. O que sabem é suficiente para se verem felizes ali.

Hoje, Sophia mora num quarto de república para cursar Universidade. Catarina e Thiago dividem um quarto na casa da avó materna, mas como a cachorrinha velhinha ronca muito e dorme no colchão da Cata, Thiago prefere dormir no conforto do silêncio, mesmo que seja num colchão no chão da sala.

Quando eu era criança, queria ser lixeiro. Perguntavam-me a clássica: "o que você vai ser quando crescer". Não titubeava: "lixeiro", para a frustração de todos. Que vida deliciosa a de andar pela cidade toda pendurado num caminhão, brincando de acertar sacos dentro da caçamba, conhecendo gente nova todo dia. Eu tinha certeza de que era isso que queria. Liberdade, aventura e amigos. Eu subia nos carrinhos de supermercado e ia jogando enlatados, pacotes de arroz, feijão e farinha pra dentro do carrinho. Às vezes jogava um pote de requeijão, que se espatifava todo. Estava simulando o que seria quando crescesse.

Cresci e vi que a liberdade e a aventura de ser lixeiro não trariam os números que eu precisava para ser "alguém na vida" e desisti.

Mas ainda sei que nenhum número compra nem liberdade, nem aventura e muito menos amigos, amigos da prateleira de cima.

Palavra

Eu tenho três filhos. Sophia é a mais velha. Escolhi seu nome por causa da palavra grega que, traduzida, significa sabedoria.

Foi com ela que aprendi o poder não da sabedoria, mas da palavra.

Foi quando, com alguns poucos meses, me chamou de "pai".

O poder daquela palavra sobre mim foi avassalador.

Um dissílabo com tanto poder.

Na Escritura Sagrada, o apóstolo João diz que, antes de tudo "era o verbo". O verbo era. O "logos". A palavra.

Foi uma palavra criativa e poderosa que deu início a tudo: Haja!

Eu gosto mais das palavras do que elas de mim.

Às vezes as escrevo.

Escrevo como se elas mesmas movessem minhas mãos e meu lápis.

Escrevo, escrevo, escrevo e depois vejo se tem sentido que, ao que me parece, é um sentido próprio, quase que alheio a mim.

Egoístas e ciumentas.

Noutras vezes elas me faltam. Isso acontece mais, bem mais. Quero escrever e não consigo. Tento escrever mas, de lápis invertido, uso mais a borracha que o grafite.

Egoístas e ciumentas.

Por que não fazem o mesmo com todos?

Por que não com a Adélia, com o Xico ou o Santiago?

Por que não gostam pelo menos um pouco de mim, como gostam do Carlos Rennó e do Jorge Camargo?

Porque, ainda assim, gosto delas, fico um pouco egoísta. Mas fico mais ciumento.

Tenho ciúmes do Vinícius. E do Chico. E do Leminski.

Se for pra cultivar ciúme, esse sentimento tacanho, que seja de gente grande, gente que subjugou a palavra como quem amansa cavalo xucro.

E o Pessoa?! Egoísta. Ao invés de dividir a palavra, dividiu-se em personagens. Alberto Caeiro, Ricardo Reis, Álvaro de Campos e suas autopsicografias que poderiam servir a tantos outros. Por que a um só?

Porque a palavra é egoísta e ciumenta. Tem seus próprios caminhos. Exerce livremente a escolha.

Resta-me teimar.

Teimar e esperar.

E, de vez em quando, mordê-la.

E, de vez em quando, montá-la.

De vez em quando escrevê-las ou deixar que me instrumentalizem, médium de mim mesmo, esperando que me favoreçam.

Egoístas e ciumentas.

Guerra e paz

Das minhas poucas pressas, a de viver em paz é das principais.

Algumas guerras são inevitáveis. Mas quais?

Seguramente pouquíssimas.

Das banalidades sob as quais sucumbimos, impressiona-me o tanto de tempo que empreendemos ou desperdiçamos com desentendimentos, rusgas e mal entendidos que pouco têm a ver com algo que não gravite em torno do nosso próprio umbigo.

Da mesma forma, a paz que buscamos tanto, não se expande para muito além do raio de nosso nariz.

Há muita sabedoria em saber buscar a paz correta e lutar as guerras legítimas.

E enquanto eu mesmo não sei escolher direito, tenho algo como certo: sem alguma paz e sem alguma guerra, não se vive.

Os mortos

Nunca fui muito de ir ao cemitério.

Ia mais quando criança.

Meu pai sempre respeitou os mortos. Foi um habilidoso carregador de caixões em ofícios fúnebres. Em cortejo de amigos importantes, saía até em foto no jornal carregando o defunto. "Nunca na cabeça, Fabricio Velho, porque é onde mais pesa", me aconselhou cedo.

Perdi gente muito querida num espaço curto de anos.

Isso me fez adquirir esse hábito.

De vez em quando vou ao cemitério. Vou sozinho. Visito minha avó, minha tia, o Roberto, o Davi e, ultimamente, o Luiz.

Converso um pouco. Finjo que me ouvem.

Sei que não me ouvem. Mas eu os ouço.

Minha avó pergunta do meu pai. "O Tim tá bem?". Respondo que sim, que sente saudade. Que na demência da velhice, tem querido voltar a ser criança e sempre pergunta dela. Falo de mim, que nunca mais tomei café, nem comi suspiro. Falo que minha tia, que sempre morou com ela, está sobrevivendo bem e cuida de 15 gatos pra ocupar seu tempo.

Minha tia pergunta de cada filho. Falo do que sei. Às vezes, minto. Não digo que, depois que ela se foi, não nos reunimos mais. Falo que minha mãe sente muito a sua falta. Que colocou uma foto dela no quarto. E que chora escondido de vez em quando.

Ouço o Roberto me falando com aquela voz rouca, me chamando de "teólogo", com um respeito cheio de ironia, falando pausadamente, não acreditando no que lhe reporto, mas me dizendo pra continuar.

Davi é quietinho. Luiz conta 15 vezes as mesmas histórias que aprendi a reproduzir por aí, como bom mentiroso.

Acho mesmo que eles não me ouvem. Sei lá.

Mas eu os ouço. Disso, tenho certeza.

Eu os escuto, cada um deles, porque vivem em mim, são parte de mim, do melhor que sou.

Por isso vou ao cemitério. Pra lembrar que aqueles que nos amaram e a quem amamos, continuam vivos em nós e, em nós, viverão para sempre, assim como quero viver em meus amigos, em meus filhos e nos filhos de meus filhos.

A ponte

Eu coloquei a escada em cima do meio muro, aqui no fundo de casa.

Você está num bairro, aí desce, literalmente desce para outro e para outro. Aí você chega na Vila Maria e desce mais um pouco e mais um pouco. Chega na Vila Terezinha. Aí desce até a última rua. Quando chega no portão da casa da frente, abre e entra. Não tem cadeado. Ninguém entraria. Aí desce mais um pouco e chega na minha casa, desce um pouco mais e chega no meio muro do fundo, onde apoiei a escada em meio palmo de concreto, tentando arrumar um pedaço do telhado.

Eu não havia visto.

Era mais provável cair do que acreditar que o muro sustentaria a escada que me sustentava.

Olhei pra trás, no espaço onde finalizaria o tombo e tinha um ferro pregado e ereto por mais um metro acima do chão. Eu ficaria fincado naquele ferro até não respirar mais ou alguém me ver, o que seria muito improvável, estando embaixo, do embaixo, do embaixo, do embaixo da cidade; da vida. Eu ri. Ri e me agarrei a um pedaço de fio enferrujado preso na parede sem reboco.

Eu já quis morrer. Você já quis morrer? É estranho. Não quero mais. Nem assim, empalado num ferro, no fundo do embaixo do debaixo, nem de nada, nunca. Essa vida, os amores desta vida, os que me afetam e os que afeto, não me permitem um querer desses, ainda que eu tenha direito.

Agarrei a escada com uma mão e o arame com a outra.

Minha mente sumiu dali, longe.

Eu. Você. Todos nós já olhamos pro caminho adiante e dissemos "não", não quero seguir por aqui. E esse não seguir te levou pra beira de um precipício onde você poderia escolher pular ou não pular e seguir novamente, até o próximo precipício e a próxima decisão. E o próximo e o próximo. Até você não aguentar mais a descoberta de que a vida é esse caminhar e, no percurso, sempre se deparar com algum tipo de precipício, cuja queda, voluntária ou não, é fatal.

Pulei.

Não há justificativa. Há uma infinidade de justificativas. Mas o fato, um só: eu pulei.

Não caí. Pulei pra cair. Não caí.

A vida costuma, pelo menos meia dúzia de vezes, ficar insuportável.

Somos muitos em uma só pessoa. Uma multidão de pessoas numa pessoa só. A equação "vida insuportável", mais "precipício adiante", mais "momento existencial ruim" faz a gente considerar o pular, como uma opção aceitável.

A vida costuma ficar insuportável, ao menos, meia dúzia de vezes ao longo de uma biografia. A combinação dos fatores acima, não é comum, mas acontece. Bem menos vezes. Bem menos, mas acontece.

Aconteceu.

Eu pulei.

Não caí. Pulei pra cair. Não caí.

Nessa equação não algébrica, existe um outro fator determinante: a ponte.

Em alguns desses precipícios que se apresentam diante de nós, há pontes que nos dão a chance de atravessá-los. Essas pontes só se tornam visíveis depois que já pulamos. O desespero empurra, nós pulamos e não caímos.

Eu pulei. Pulei pra cair. Não caí. Havia uma ponte.

As pontes são de concreto, madeira, cordame, gente. De todas, a mais poderosa é a feita de gente. Uma ponte de rostos, de nomes, de vozes, de braços e abraços, de pernas que reensinam nossas pernas cansadas a andarem de novo, a seguirem caminhando até o lado de lá e, quando chegamos do outro lado, já não somos os mesmos.

A poesia de outrora já não faz o sentido que faz, agora.

Nem a música.

Nem lugares ou gostos.

Nem mesmo afetos, que viram ex-afetos, depois de serem ódios ou mágoas. Ódios e mágoas do lado de lá, antes de pularmos, tantas vezes pelo acúmulo dessa massa estragada que, quando a gente chega do lado de cá, já não faz mais sentido por dois motivos simples: a ponte nos transforma; o que era, já não é mais. Não porque seja esquecido. Tem coisa que a gente não esquece. Mas porque nós já não somos os mesmos e mesmas. Nosso DNA continua ali, nosso ethos, mas a roupa é outra, o olhar é outro, os interesses são outros, os desejos, os sonhos, as possibilidades e a rota.

Aí a gente, que queria simplesmente pular naquele precipício pra escrever as últimas linhas tortas de uma biografia que nos pesa, não cai. E mais, caminha sobre aqueles rostos, nomes, vozes, braços e abraços; e pernas que reensinam nossas pernas cansadas a andarem de novo, seguimos caminhando até o lado de lá e chegamos do outro lado, outros e outras, vivos e vivas, misturando nossos novos "eus" com os tantos "nós" daquela ponte. Mais vivos e vivas do que quando achamos que estávamos começando o desfecho mais rápido para o capítulo final.

E tudo o que era mágoa, ódio ou coisas dessa família destrutiva, se ressignifica e é relegada a um canto, ainda presente, mas desimportante, ainda lembrável, mas no campo distante do prefixo "ex". Ex qualquer coisa. De ex amor a ex sonho. De ex caminho a ex destino.

Larguei o arame e desci da escada sem cair.

Olhei o ferro fincado no chão e ri.

Guardei tudo sem ter arrumado nada, mas percebi que ali, naquela circunstância tão idiotamente perigosa, eu havia atravessado uma ponte sobre um precipício que, dessa vez, eu nem estava pensando em pular.

Eu não caí da escada, nem no precipício. Não morri nem cá, nem lá.

Só atravessei aquela ponte vida, cheguei do outro lado sem olhar para baixo, sentei na outra beirada, olhei pra um lado e pro outro, me levantei e voltei a andar, porque, simplesmente, tava tudo bem e me lembrei da estrofe do poema do Pezão, que veio cá comigo, guardado no bolso do coração: "Nós é ponte e ponte atravessa qualquer rio". Era mais que um rio, mas era e o que era, já não é.

E tava tudo bem.

CAPÍTULO 2

TU, DO OUTRO

Parar, escutar, acolher

Era pra ser simples.

Alguém começa a falar algo pessoal, importante, a se abrir, a contar sua história, nós devíamos, automaticamente, parar e ouvir.

Só isso.

Parar e escutar e acolher.

Parar – num mundo onde estamos todos ocupados, não temos tempo para parar e oferecer ao outro aquilo que temos de mais precioso, nossa atenção.

Escutar – é mais que ouvir. É colocar o corpo todo, não só os ouvidos, em estado de atenção a quem e ao que se está ouvindo.

Acolher – é deixar aquilo que está sendo compartilhado entrar pelos ouvidos, percorrer o caminho da alma, até chegar em paz ao coração. É o passo mais difícil. É difícil porque sempre achamos que temos algo a dizer, que já sofremos aquilo, que sabemos o que o outro está sentindo, porque adoramos oferecer receitas simplistas para questões complexas.

Nossa dificuldade de lidar com a intimidade, nos impele a relações cada vez mais superficiais e funcionais.

Bem que o Rubem Alves teimou: "Não precisamos de aulas de oratória, mas de gente que aprimore sua ESCUTATÓRIA".

Sobre o que se tem e o que não se tem

Temos a tendência de achar que a vida de muitos à nossa volta é melhor do que a nossa.

Não é.

Os solteiros invejam os casados, os casados "nostalgiam" a solteirice; quem comprou casa, queria apartamento, quem mora em apartamento, sente falta do quintal de casa.

A insatisfação é bem mais humana do que a satisfação.

Como diz Goethe, acerca de Fausto: "o muito que ele tem fica obscurecido pelo pouco que ele não possui."

Quem está concentrado em comparar tudo o que NÃO tem, com o tudo que "todo mundo" tem, lembrando que esse "todo mundo", nunca é todo mundo, vive insatisfeito, mesmo com o MUITO que tem.

Não gosto de conselhos, mas: viva a tua vida da melhor forma possível, celebrando o muito ou o supostamente pouco que tem e rindo do que não tem.

Não esquente com o mundo paralelo!

Lembrando que se você está com um livro nas mãos, agora, já tem muito mais do que a maioria das pessoas.

E, como você, tem sempre alguém que te olha e acha que tua vida é perfeita.

Tá vendo como as pessoas são bobas?!

Uma caixa, uma mesa e uma família

Toda família tem sua "caixa de pandora", esse lugar onde, por amor, guardamos um monte de coisas sobre o outro que, por amor, precisam continuar guardadas.

Como toda família é formada de gente, um dia alguém abre a caixa. E, acredite, a chave que abre tal sepulcro geralmente é irrelevante diante de tudo o que brota lá de dentro.

Já aconteceu em toda família, inclusive na minha.

Sentamos todos ao redor da mesa. A caixa havia sido aberta. Do presente, mergulhamos no passado e, por horas, nos armamos de histórias, argumentos, frustrações, culpas, inquirições, acusações e todo tipo de artifício um contra o outro, na forma de gritos, tapas na mesa, olhares, silêncios e lágrimas, muitas lágrimas.

Interessante que, no começo, a raiva parece ser um combustível inesgotável. Mas ela vai dando lugar à tristeza, que vira arrependimento, que se transforma em um estranho carinho novamente.

Diante das lágrimas de pai, mãe e irmãos, a mais profunda mágoa perde para o lastro maior daquilo que nos fez sentar à mesa, o amor que nutrimos um pelo outro.

Não, não nos sentamos naquela mesa para humilhar e ofender um ao outro. Nos sentamos porque nos amamos.

Foi ali que fizemos tarefas na infância. Foi nela que dividimos tantas e tantas refeições. É ali que ainda nos sentamos e, hoje, sentam-se nossos filhos.

Quando uma caixa dessas se abre, ela parece maior do que tudo. Ela assombra de tal forma, que nos seca a alma, exaure o espírito e definha os ossos.

Mas um dia assim, cinza e triste, não pode sobrepor todos os outros dias felizes e cheios de cor, que foram, que são e que ainda serão.

Essa caixa maldita nos dá a falsa sensação de um caos sem volta.

Mentira.

Uma coisa boa de ter sido aberta, é que ela pode ser esvaziada e, vazia, perde a importância, porque fica leve.

No fim de um momento desses, a vontade de se estapear perde para a de se abraçar. Não nos abraçamos dada tamanha exaustão. Mas os abraços ficam encomendados para o mais breve possível.

Em nosso caso, quando o silêncio parecia ter vencido, a voz grave do meu pai, um homem simples e sensato, o interpelou, encerrando: "nós só precisamos nos perdoar."

As caixas de pandora são inevitáveis. Precisam ser esvaziadas às vezes. Poucas vezes. Mas não podem nunca ser o último capítulo de uma história.

A voz do amor sábio ainda diz e repete: "nós só precisamos nos perdoar".

Por quê? Porque amizade é assim, uai

O seu Ernesto Paulella morreu ontem. Que pena.

Sabe quem é? O "Arnesto", do samba do Adoniran.

Viveu quase cem anos, dos quais, uns 40, conhecido pelo samba feito pelo amigo.

Pensei nos meus amigos.

Não tenho muitos. Nem poucos.

Amizade é esse negócio bonito e inexplicável, que faz com que a gente faça pelo outro, algo que faça melhor ao outro, do que pra gente mesmo, muitas vezes.

É pensar no amigo mais tempo do que se imagina. É lembrar-se do amigo quando se vê algo que lhe diz respeito, mesmo estando longe, mesmo não vendo faz tempo.

Acontece muito comigo.

Ouço uma moda, lembro do Vinícius; vejo um banquinho, penso no Edy; vejo uma foto de Brasília, viajo até a casa do Thiago. Enfim. Tem mais coisas que me lembram mais pessoas.

Amigo é esse ser que não merece, nem, muitas vezes, faz por merecer, mas que a gente ama. Por quê? Porque ama, uai.

O que sustenta a amizade é isso, um samba sacana e a disposição de continuar, muitas vezes, "apesar de", ano após ano.

Sabia que o "Arnesto" nunca convidou o Adoniran pra um samba no Brás? E, muito menos, furou com ele. E ficou conhecido como furão, por causa da sacanagem do amigo sambista. Sabe o que ele respondeu ao Adoniran quando o mesmo o perguntou sobre o que tinha achado do samba sacana? "Você me partiu ao meio, Adoniran. Esse samba foi a coisa mais bonita que me aconteceu".

Mas por quê?

Porque amizade é assim, uai.

Uma dedução matou João

E daí João foi embora, depois de mais uma quinta-feira quente de muito trabalho.

Conseguiu rebocar metade do 6º andar do prédio de 19. Parece pouco, mas cada apartamento dos dois por andar, tem 348 m2.

Desceu pra pegar o primeiro ônibus dos 3 que toma pra chegar em casa.

Um senhor e um rapaz bebiam na padaria nobre ali ao lado do empreendimento. Uns moram em casas e prédios. Os outros moram em empreendimentos e condomínios. O senhor e o rapaz alegaram que João os iria roubar. Deduziram isso. As pessoas vivem de dedução.

Os amigos dos acusadores lhes protegeram, claro. Amigo protege, ainda mais quando o agressor é um negro, pobre, que anda de ônibus e "visita" bairro nobre. Ainda mais quando os amigos são muitos e o "agressor" é um só.

Agrediram João até ele respirar pela última vez. Ninguém fez nada.

João não chegou em casa.

Na verdade, ele nunca teve uma casa. Fez muitas casas, mas nunca teve a sua. E também nunca entrou n'alguma das casas que fez.

João foi morar, enfim, na casa que é sua. Uma casa onde é bem vindo. Uma casa que construíram pra ele fora dessa terra.

Mas não voltou para o Daniel, para a Ketlein, para a Aninha e para sua Jana. Foi pra casa sozinho e deixou os seus sem casa, sem chão, sem alegria, sem João.

Alguém vai ter que terminar o reboco do 6º andar. Isso será fácil. São tantos os "Joãos" por aí. O difícil será consolar três crianças e uma viúva.

Uma dedução matou João.

Nós somos assim.

Matamos por dedução.

Aos meus (poucos) amigos

Uma das principais atribuições do amigo é constranger de afeto e presença.

Meus amigos me constrangem.

Meus amigos riem de minhas mesmas histórias, mas com menos habilidade com que choram minhas lágrimas.

Meus amigos celebram minhas alegrias com mais veemência do que lamentam meus fracassos.

Meus amigos usufruem de minha fartura com menos intensidade com que me suportam em minhas faltas.

Meus amigos não ficam ao meu lado em tudo o que faço, falo e decido, mas não saem do meu lado, apesar de tudo o que faço, falo ou decido.

Meus amigos chegam ao extremo da "tiração" mútua, mas vão ainda mais fundo quando precisam defender um ao outro.

Meus amigos são ébrios, de vez em quando. Ficam alegres, às vezes tristes. Mas vivem sobriamente a sabedoria da vida.

Meus amigos discutem ideias, fazem perguntas, discordam de pontos de vista, mas concordam em relacionar-se de forma leve e em serem unânimes no principal.

Meus amigos têm gostos complicados, mas uma vida simples.

E eu, bobo, poderia passar o dia aqui falando desses *&$#@&, cheios de qualidades e defeitos, que conheço tão bem há tanto tempo, mas não sou vagabundo como a maioria deles.

Não tenho muitos amigos. Tenho os melhores.

Aos professores

Com a tia Estela, aprendi as letras. Com a tia Márcia, as palavras. Com a tia Luci, as orações.

Com a tia Eunice, as história. Com a tia Margareth, a leveza. Com a D. Elizabeth, a perdão.

Com o Moraes, conheci os clássicos e os pensadores, li Lord Byron, que me ajudou muito na vida "sentimental", conheci a "esquerda" e a doçura amolada da poesia.

Com a Ivana, aprendi a duras penas o rigor da Língua Portuguesa, que talvez fosse mesmo o rigor dela, Ivana. Mas aprendi.

Com o Jung, aprendi a enxergar as Escrituras com outros olhos e a olhar para o pobre com os olhos do Cristo.

Com o Rubem Alves, aprendi que a beleza está nos olhos de quem vê.

Com o René, aprendi que a transformação se dá de forma integral.

Com o Ari, aprendi sobre o desapego e a generosidade, com o Ed, a como explicar coisas complicadas de uma forma simples, com o Valdir Joaquim a enxergar o que não se vê, com o Tácito a organizar o caos. Com todos e todas a enxergar o outro e a vida de forma profunda e generosa, muitas vezes em silêncio.

Sou um privilegiado nessa vida. Tive muitos professores. Ainda tenho. Gente que derramou a sua vida sobre a minha fazendo de mim quem tenho sido. Não que eu seja lá essas coisas, mas o que sou, devo a todos eles e elas.

Sou um mosaico formado por partículas de cada um deles.

E sou feliz assim.

Professores são seres fundamentais no mundo, mas não são desse mundo.

Vivem sua vida em função da vida do outro.

Existem para fazerem existir.

Merecem recompensa de toda ordem, mas não é por ela que trabalham. Ensinam por vocação divina e é por isso que persistem diante de um quadro tão desfavorável.

Professores e professoras queridos e queridas, obrigado por, sendo divinos, escolherem nos abençoar, gente normal, que dependemos de vocês para sermos gente melhor nessa vida.

Vocês existem não só em vocês mesmos, mas no tanto de gente que carrega em si uma centelha que seja do que de vocês aprenderam.

Que a eternidade os recompense, já que ela é a matéria prima do que fazem.

Retratos de uma relação (pai)

Mesmo discreto, fiquei bem atento às postagens sobre os pais, ontem.

Elas dizem muito sobre nós, todos nós.

Já fui condenado por não escrever nada em dias especiais assim. Deixe-me explicar. Em dias especiais, costumo ficar com as pessoas especiais. Fiquei com meu velhinho e com meu filho do meio, que fez 10 anos, ontem - hoje, já passou dos 18.

Voltemos. As postagens dizem muito sobre nós, sim. Sobre cada um de nós.

Fotos de pais jovens, com seus filhos pequenos - fotos lindas de uma relação quase perfeita, sem a mácula do tempo. As expectativas ainda não foram frustradas, a adolescência do filho ainda não testou a maturidade do pai, a relação ainda é de adoração mútua. Precisamos, nesse momento mágico, nos nutrir com toda lembrança que só existirá de fato, se permeada de presença.

Fotos de pais mais velhos, com os filhos grandes - as fotos mais lindas, que atestam uma relação que o tempo consolidou. Uma relação que passou por todas as intempéries pelas quais passam todas as relações e que as venceu, que aprendeu com elas, que permaneceu bonita e viva. Eu acho lindo quando os filhos, já mais velhos – filhos muito novos não conseguem enxergar isso, ainda – reconhecem o valor fundamental dos pais em sua caminhada.

Fotos de pais, filhos e netos – as fotos mais lindas do universo, que expressam a continuidade dessa vocação sagrada que é ser pai. É a vida e suas demandas, se renovando de forma bonita, numa transmissão natural de experiências, num recontar de histórias, numa repetição de erros e acertos. É a vida acontencendo, como deve acontecer.

Fotos que os filhos postam de seus pais, que já se foram – as fotos mais emocionantes. Que poder tem a saudade. Mas saudade, se mata. Neste caso, é pior que saudade. É falta. Como diz o Nando, "a falta é a morte da esperança" ou, parafraseando o Chico, "saudade é arrumar o quarto 'daquele' que já morreu". Seja sentir saudade ou falta, que dor querer abraçar alguém que já não está aqui. Que linda angústia, relembrar histórias de uma passado bom, sem a presença de seu protagonista. Não passei por isso ainda. Não com meu pai. E espero levar uns 200 anos até sentir de própria pele. Mas tenho amigos queridos que sofrem dessa falta crônica. Dizem que a dor vira saudade, então, salve a saudade.

Fotos de filhos sem seus pais ou pais sem seus filhos – as fotos mais tristes. Filhos que escrevem e postam coisas como se não tivessem pai. Vi duas destas ontem. Duas que, por conhecer as histórias, sabia que retratavam um rompimento. Todos já vivemos rompimentos em nossas vidas. Dos irrelevantes aos mais doloridos. Mas rompimento de pai e filho é um acinte ao sagrado. Pai e mãe são figuras supremas. Claro que há exceção a toda regra, neste caso, infelizmente para todos os lados. Já vi filhos romperem com os pais pelas questões mais idiotas do mundo e, tarde demais, amargarem um remorso amargo. Já vi pais perderem de vista o que tinham de mais precioso, seus filhos, em nome do nada ou das desculpas mais irrelevantes.

A vida é esse tear de relacionamentos, onde a relação de um filho com seu pai, se encontra no rol das mais sacras e, sobretudo, das mais felizes.

A propósito, meu pai é um senhor caipira, discreto, de fala baixa, de sorriso fácil, de mãos habilidosas quando toca uma viola ou segura um acordeon, que lê a Bíblia todos os dias e caminha todas as manhãs – hoje, na segunda edição, ele está na cama e depende de minha mãe para quase tudo. Meu pai me ensinou em silêncio as lições mais preciosas dessa vida. Algumas, não aprendi, mas nunca deixei de ser filho, muito menos ele deixou de ser pai.

Meu nome é Fabricio. O nome dele, Ditinho.

CAPÍTULO 3

ELE, DE DEUS

Deus

Acho interessante o fato de Deus ainda ser tratado como objeto de estudo ou experiência empírica. Seja pela academia, pela ciência ou pela religião.

Nada que sofre a interferência do manuseio humano, pode ser perfeito. Por isso, só o Altíssimo é perfeito. E, perfeito, não é objeto passível de nosso manuseio, ainda que até o conceito de perfeito seja falho.

Deus não se explica. Se percebe e se crê, mas não se explica.

Tudo o que sabemos de Deus é por um lampejo de sua revelação. Por isso, acho muito estranho gente dizer o que Ele "é ou não é", que se não for "assim", não é Deus ou que só é Deus se for como estou dizendo que é.

Só explicamos o que compreendemos e dominamos. E, definitivamente, isso não se aplica ao Sagrado.

Deus é.

Deus está.

Diante de Deus, silenciamos.

Sobre Deus, rabiscamos ensaios e intenções.

Graça

A graça é o elemento sustentador do universo. Naturalmente porque os humanos, estranhos que são, não merecem esse conjunto de fatores que geram uma coexistência generosamente possível.

Existe alguma coisa que, mesmo sem merecermos, nos sustenta nessa terra.

É com olhos de graça que o sagrado nos vê e é a partir desse olhar que Ele age em nós.

A essência desse Deus é o amor, por isso nos matém a despeito de merecimento. Sua natureza é a comunidade, por isso habita em nós e entre nós. A graça é o seu modus operandi, por isso consegue existir sem nos fazer desexistir.

Com o sagrado, aprendemos estas três coisas, no mínimo. A beleza do amor, a necessidade da coexistência e a generosidade da graça.

Das três, a graça é a mais surpreendente, porque é uma substância através da qual podemos viver de um jeito completamente diferente do que viveríamos, não fosse ela.

Ela não é algo que se vê.

A graça é um "óculos" através do qual se vê.

Não é algo que se vê, mas o que nos faz ver.

Em muitas situações e circunstâncias, não veremos graça alguma.

Mas podemos olhar para toda situação ou circunstância com "olhos de graça".

A graça está nos olhos de quem vê.

Meu pai, o pai, o Thiago e toda gente

Cheguei tarde em casa.

Thiago estava comigo. Dormiu no carro. Subi com ele no colo e o coloquei para dormir em sua cama, depois de dar o beijo de boa noite. Hoje em dia, ele é quem me levaria no colo (e leva).

Acordei pela madrugada com um barulhinho no banheiro do corredor. Levantei. Era o Thiago, meu filho de 08 anos, hoje com 18, que foi ao banheiro porque estava com dor de cabeça.

Perguntei; "por que não me chamou, meu filho?!"

Ele respondeu: "pai, acho que é por causa do calor. Eu estava molhando minha cabeça um pouco e acho que vai resolver. Se não resolvesse, eu te chamaria."

Ele se vira sozinho. Meus três são meio assim. Só chamam os pais se não conseguirem resolver as coisas.

Fui para o quarto pensando no quão infantis são muitas pessoas que conheço, especialmente no seu relacionamento com Deus.

Parece bonito e "politicamente/espiritualmente correto" dizer que se depende de Deus para TUDO, mas isso se chama infantilidade espiritual, que é uma projeção de nossa infantilidade existencial.

Eu, como pai, crio meus filhos para o mundo, para serem adultos emancipados e independentes de mim, que conheçam o seu papel de ser gente nessa sociedade e que vivam em função de coisas maiores do que eles mesmos.

Talvez seja isso que o Pai espera de nós também. Talvez seja em função disso que ele, como Pai, trabalha. Para que nós sejamos gente adulta, consciente de nossos deveres e responsabilidades, reconhecedores das grandezas da vida e maduros em nossas relações.

Hoje e sempre continuarei a ser pai do Thiago. Sempre que ele precisar o carregarei no colo. Ontem, hoje e sempre. Mas confesso que sou um pai feliz vendo meus filhos se tornarem gente madura e responsável a cada dia.

Sei que conto com o colo do Seu Ditinho até hoje, quando só balbucia meu nome, mas sempre sorri quando me vê. Sabe que sou seu filho, ainda que, da memória, lhe escapem os detalhes.

E sei que também conto com o colo do Pai sempre que precisar, sempre que minhas pernas não derem conta.

Sobre a vontade de Deus e o mal

Acredito que Deus tem um projeto redentor na história e que esse projeto, nesse momento, tem sido exercido por uma comunidade de pessoas, parte do corpo místico do Cristo, que atrai a redenção escatológica para a história através do exercício da autoridade amorosa do Messias, que é de direito, conforme Mateus 28, e que se torna de fato na terra quando pessoas das mais variadas etnias, credos e realidades a exercem como um estilo de vida que combina com Ele.

Acredito que Deus decidiu intervir na história através de pessoas e que o protagonismo disso não deixou de ser Dele, por meio do Espírito Santo que habita em nós, pois foi derramado sobre toda carne.

Acredito que tudo o que passa disso é um misto de contingência, intempérie e mistério.

Acredito que Sua vontade está expressa nas Escrituras, com devida ênfase no texto de Lucas capítulo 4, versos 18 e 19, que diz:

"O Espírito do Senhor está sobre mim, porque ele me ungiu para pregar boas novas aos pobres. Ele me enviou

para proclamar liberdade aos presos e recuperação da vista aos cegos, para libertar os oprimidos e proclamar o ano da graça do Senhor".

E que devemos buscá-la. Buscá-la é agradá-lo, realizá-la é glorificá-lo.

E, sim, acredito na predestinação. Acredito que "Ele nos predestinou para as boas obras, as quais, de antemão, preparou para que andássemos nelas". Mas, determinismo, nisso não, pois o determinismo é a legitimação da desigualdade e da injustiça. Se as coisas estão assim, foi porque Deus as determinou? Não.

Acredito que contingências, intempéries, catástrofes, acidentes não são sua vontade permissiva, vontade desejável ou qualquer outra nomenclatura idiota que tentemos dar para justificar a realidade mais aviltante ao caráter amoroso de Deus, o mal.

Deus não pune com o mal. O mal não pode nascer de alguém cuja substância principal é o amor.

O mal, tendo acontecido "apesar de Deus", ainda assim pode ser matéria-prima nas mãos Daquele que é especialista em romper com ciclos malignos e converter o mal em bem. E nos convida a participarmos com ele desse processo.

Um amigo disse-me uma vez que se fosse sintetizar Eclesiastes em uma linha, diria "Deus existe, mas o mundo não faz sentido". Permito-me inverter a frase: O mundo não faz sentido, mas Deus existe.

Que decepção

Já ouvi muita gente me dizer: "olhe para Deus, ele nunca decepciona", tentando me corrigir da atitude de mirar em alguém e acabar me decepcionando.

Algumas coisas:

1. É para as pessoas mesmo que devemos olhar. São elas que conseguimos ver;

2. As pessoas vão nos decepcionar. Todas elas. A questão não é o decepcionar-se ou não, mas o que faremos com isso. Dar o devido "tamanho" a cada decepção, nos levará a decidirmos com sabedoria o que faremos com o "decepcionador" e o que deixaremos ou não a decepção fazer conosco;

3. A decepção tem mãe e o nome dela é expectativa. Não ter expectativa nenhuma é impossível, mas depositarmos uma expectativa grande demais em alguém, fará tanto de nós quanto do alguém, reféns dessa prisão chamada "expectativa alheia";

4. Quanto ao "olhe para Deus", eu olho, juro. Mesmo assim já me decepcionei com Ele. Sim. E não fui

fulminado. É muito provável que o problema seja comigo, seja com minhas expectativas, mas já me decepcionei esperando por alguma voz e recebendo silêncio, esperando companhia e experimentando solidão. Enfim.

Decepcionar-se é natural, é da vida.

Decepcionamos e somos decepcionados.

A questão é o tamanho que damos a isso, o que aprendemos com isso e o espaço onde guardamos isso.

Sobre voltar atrás

Vangloriava-se de sua estatura moral, base de suas decisões sempre corretas.

E, por nunca estar errado, não voltava atrás e dizia e repetia: "decido e não retrocedo. Nunca voltei atrás em nenhuma decisão e nem voltarei".

Sempre invejei esse jeito forte, quase desumano de ser, talhado por um passado difícil que o fizera vencer e se transformar nesse ser intransigente para com as irrelevâncias, talvez para ajudá-lo a se esquecer de onde viera, de quem fôra, dos capítulos pregressos que quase encerraram precocemente sua biografia.

Eu era bobo. Gostava das coisas menores. Gostava das flores, das palavras, das crianças. E tinha vergonha disso. Daí, gostava quieto. Queria ser como ele, seguro e forte, elevado à potência contumaz do: "nunca volto atrás".

Mas um dia saiu para uma batalha difícil, dessas que nos tiram a paz. Temente a Deus, fez-lhe um voto: "se for vitorioso, ofereço como sacrifício a primeira pessoa que encontrar assim que retornar para a casa".

Muitos impressionaram-se com tamanha fé. Eu fiquei quieto, receoso. Nunca havia sido religioso, mas conhecia o caráter desse Deus grande sobre o qual ouvira toda minha infância e adolescência. Sacrificar alguém não me parecia algo que O agradasse. A felicidade das pessoas é sagrada.

Mas ele, homem rico, muitos empregados, certamente sacrificaria um dos que a vida já era mesmo um sacrifício. Nunca voltava atrás. Não voltaria agora.

Pois voltou para a casa vitorioso. Não era mesmo de perder batalhas para a vida. As maiores delas, já havia vencido no passado escondido, de filho de prostituta, de ser expulso de casa pelos irmãos, de crescer no meio de excluídos, o que lhe fizera forte.

Mas força demais empedra.

Chegou em casa, as portas se abriram, sua filha única veio recebê-lo. A alegria se transforma em dor e lamento. Ele nunca voltava atrás.

Observei de longe e agarrei minha filha única.

Aqueles poucos minutos de dor alheia me ensinaram muito.

Ensinaram-me que:

- a alegria alheia é sagrada e não pode ser colocada em xeque por nada;

- que o passado pode nos ensinar as melhores lições de vida, mas quando nos endurece, todos perdem;
- que quem não volta atrás não é seguro, é triste. Voltar sempre atrás é ruim, mas nunca voltar atrás é assassínio de si e do outro.

Continuo gostando das irrelevâncias da vida, menos constrangido agora. Coisas grandes demais têm preços altos demais.

E, hoje, por amor, aprendi a voltar atrás sem ter vergonha.

Fiquei triste por você, mas obrigado por me ensinar, Jefté.

Confiar desconfiando

Era um sábado pela manhã quando cedi à tentação de ligar a televisão. Todos ainda estavam dormindo. Sem TV a cabo, zapeei pelos canais abertos a procura impossível de algo interessante.

Parei para assistir um pastor evangélico fazer sua exposição nada bíblica. Estava com um bonito livro na mão, uma Bíblia, à qual ele atribuía o poder de, se os compradores dessem atenção aos comentários de rodapé, ficarem ricos. Continuou dizendo que se nós, telespectadores, não tínhamos uma vida de devoção à igreja, de forma que não investíssemos nossos recursos nela, igreja (com "i" minúsculo mesmo), estaríamos vulneráveis aos ataques do gafanhoto migrador – figura que simboliza a devastação de nosso bens materiais como fruto de maldição – devido a porta que, pela falta das ofertas na igreja, abriríamos ao diabo.

Fiquei pasmo. Como pode alguém em rede nacional, apelar ao medo para conseguir dinheiro, manipular a fé das pessoas para conseguir realizar os seus sonhos megalomaníacos.

Pensei em mim e em outros tantos amigos que tentam a duras penas exercer um ministério sério. Quase me canonizei.

Mas pensei um pouco mais. Nunca pedi dinheiro dessa forma, nem lancei mão do citar maldições como o pastor o fizera, mas já usei o medo para conseguir algo de uma pessoa, já criminalizei o mundo e desviei a minha culpa culpando estruturas espirituais, já fui pedra de tropeço para a fé de mais novos pura e simplesmente para vencer uma discussão religiosa e já traí quem mais amei pela saciedade de desejos egoístas.

Pedi perdão na hora. Primeiro por me achar um santo em relação àquele homem; segundo, por me lembrar que também manipulei a fé de outros para conseguir algo para mim.

Fé é algo sagrado. O coração das pessoas também.

Manipular a fé de outrem para que gravitem em torno de alguém, de uma instituição ou projeto é pecado.

Muitas instituições fazem com que as pessoas vivam em função delas. Geram, assim, indivíduos tímidos em relação à vida, dependentes em relação à fé e confusos em relação a si mesmos.

A Igreja existe para viver em função das pessoas, gerando pessoas autônomas que sabem viver a vida como um todo de um jeito que lembre Jesus e, cuja fé madura, sabe discernir entre o bem e o mal sem a necessidade de um tutor.

Assim, o líder religioso é um guia espiritual para o rebanho e não um oráculo ao qual devemos obediência irrestrita. E ele não guia sozinho, o faz com a ajuda dos irmãos mais maduros na fé, todos guiados pelo Espírito que chamamos Santo.

Portanto, gente querida, confiem mas desconfiem. A chancela é o Espírito Santo que habita nossos corações e o amor com o qual sabemos estar lidando – ou não. Tudo o mais está comprometido pelo pecado, uns mais, outros menos.

Eu gosto da religião

Eu gosto da religião.

Gosto mesmo.

Ela tem seu lugar fundamental e milenar na pauta social de todas as civilizações conhecidas.

O que eu não gosto é do que ela se tornou.

Ao contrário do que parece, sinto falta de uma liturgia mais austera, não pela manutenção de uma tradição morta, mas pelo que a liturgia representa. Ninguém pode chegar ao Altíssimo sem reverência, sem cuidado, sem tirar as sandálias, sem respeito e sem silêncio.

Essa balbúrdia toda, essa barulheira, essa gritaria, essa estética pseudo feliz, não me parecem combinar com o publicano que bate contrito no peito, no pátio do templo, enquanto ora constrangido pelo que ele é e pelo que ele encontra quando busca o sagrado.

Essa conversa de "Deus falou comigo", como quem se encontrou com Deus ali na esquina, não me alude ao Moisés que tem que se esconder para ver Deus passar de costas.

Eu não sei o que acontece comigo, mas aprecio muito as catedrais, mais do que os salões alugados. Não é uma questão de importância, mas de significância. As catedrais me colocam sentado, naturalmente, e quieto. Além do que, são símbolos da metáfora de irmãos e irmãs mais velhos, muito menos suntuosos do que qualquer edificação, mas tão sólidos quanto. Pessoas nas quais sabemos que podemos nos apoiar sem corrermos o risco de cair.

Também aprecio os mosteiros, a disciplina rígida da devoção monástica e toda simbologia de seu rito.

Eu gosto da religião.

Acho que a maioria das coisas deve se modernizar e acompanhar o tempo e o contexto, menos algumas, e a religião é uma delas.

Gosto dela à moda antiga.

Gosto de seu sentido de religação para com o transcendente e, quem quer se achegar ao Sagrado, deve respeitá-lo como Sagrado que é.

O lindo da Escritura Bíblica é que ela diz que Deus me chama de amigo. Ele me chama. Ele mesmo.

Mas, como aprendi a fazer com meu pai, continuo chamando-o, Senhor e um "Senhor" não se trata de qualquer jeito, mas sabendo e sentindo-me seu amigo.

Jesus, alegria dos homens

Jesus não é propriedade de ninguém.

Ninguém é propriedade de Jesus.

Propriedade foi invenção da gente.

Jesus, que nasceu em Belém, uma cidade irrelevante para seu tempo. Foi refugiado no Egito, tendo sido criado fora de seu berço em sua primeira infância. Que, quando retornou, cresceu em Nazaré, lugar sem importância até mesmo para seu povo.

Jesus é o mais simples dos homens.

Quando vendido por Judas, os soldados precisaram que o traidor o beijasse para que soubessem quem ele era, tamanha igualdade entre os demais.

Jesus não é muitas coisas que dizem que ele é.

Ah...

Tem algo que o menino de Belém, o refugiado, o nazareno é: A ALEGRIA DOS HOMENS.

Jesus de Nazaré é a alegria dos homens, a alegria que transborda em riso ou, como exatamente agora, aqui, em lágrimas, muitas e muitas, por tanto e por tanto.

Jesus, você é a alegria dos homens. Sobretudo a dos de alegrias simples ou de nenhuma alegria daqui, desse lugar onde moramos, sendo comuns e irrelevantes, refugiados e famintos, compulgidos e contritos, dos que choram alto de desesperança e dos que choram escondidos por memórias. Uma alegria tão interior, tão parte de nossa imperfeição, que chega a ser palpável. A alegria que não pode ser roubada, porque não é posse, porque é, simplesmente é.

Jesus, alegria dos homens, obrigado.

CAPÍTULO 4

ELES, DA VIDA

Oito coisas que ninguém falou pra você, mas você sabe

Eu tenho redes sociais. E gosto. Um pouco menos hoje. Já tive twitter e um blog também.

Gosto das redes, mesmo elas sendo um poço cuja água é um misto de ilusão, auto ajuda e auto engano.

Poderiam ser mais verdadeiras um pouco, pelo bem da humanidade, não?!

Como o que você está lendo é um livro, permita-me subverter a lógica e cooperar, te dizendo algumas coisas que as redes não costumam publicar.

De tantas coisas que ninguém te diz, mas que você sabe, oito delas:

FAMÍLIA é um pesadelo necessário. Dá um trabalho desgraçado, mas na hora do "aperto", são alguns deles (só alguns, nunca todos) que darão a vida por você. É desse núcleo que sairão as marcas mais negativas de sua vida, mas é também aqui que aprendemos a ser gente como gente deve ser.

EMPREGO – a grande maioria da humanidade trabalha no que precisa e não no que ama. Fazer o que se ama é uma ilusão para poucos. A saída é esforçar-se para, no mínimo, gostar do que se faz. E também buscar com atenção e esforço, atribuir sentido à sua atuação profissional, encontrando prazer em servir através dela.

AMIZADES são muito transitórias. As pessoas te amam até que você as frustre. A notícia ruim é que nós sempre frustramos e somos frustrados. Só sobrevivem mesmo umas duas ou três amizades longevas, mas que também oscilam no tempo, sendo mais fortes e mais fracas, dependendo do momento e da circunstância.

AS CRIANÇAS duram pouco. Crescem rápido demais e, aos 11 no máximo, trocam você por um Iphone 30, um Play 10 ou por um ídolo adolescente perfeito, que será seu guru em quase tudo. Mentirão para esconder uma nota ruim ou dirão que vão dormir na casa de alguém quando, na verdade, estarão numa balada funk (sim, seu filho(a) vai gostar dessa porcaria).

BELEZA é artigo de luxo e pouco duradouro. Se for homem, vai ficar careca, barrigudo e cansado. Se for mulher, terá cada vez mais estrias, cabelos rebeldes e marcas faciais. A beleza dura pouco e, pra piorar, sempre haverá, em qualquer grupo que você participe, alguém mais bonito(a) que você.

A VIRILIDADE também se dilui muito não só na idade mas no estresse do dia a dia. E também (e principalmente) no marasmo da mesmice de uma relação. Se um(a) amigo(a) contar vantagem demais, não se deprima. Ele(a) está mentindo. Mas, saiba que a vida pode melhorar, sempre! ;)

AS ALEGRIAS são as mais transitórias das ocasiões. Duram pouquíssimo e acontecem bem esporadicamente. O dia a dia é mesmo igual e chato, sem muito tempero. Por isso devemos colecioná-las com cuidado e atenção, bem como aprendermos a apreciar o cotidiano com toda beleza que ele esconde ou revela.

OS SONHOS envelhecem sim. Alguns, inclusive, ficam pelo caminho. A vida muda, os sonhos mudam. Só não se pode deixar de sonhar, mas muita gente deixa. A maioria.

A vida é meio assim mesmo.

O estranho, maravilhosamente estranho, é que quase ninguém quer partir "dessa para a melhor".

Nem eu.

Passado e futuro em frases presentes

- O presente é um pequeno hiato entre o passado e o futuro. É pequeno, mas é tudo que temos.

- "Não remova os marcos que vossos pais estabeleceram". Uma juventude que não respeita o passado está fadada ao fracasso futuro.

- Não podemos ser assombrados por um passado que nos aprisione nele e, assim, determine nosso futuro.

- O que nos aprisiona é a sombra do passado e a apreensão quanto ao futuro. Mas só o que temos para viver é o presente.

- Viver é existir no presente. Quando o passado assombra, quando o futuro açoita, perdemos a única coisa que de fato temos, o presente.

- O tempo só tem um sentido: frente! O passado, se respeita. O passado nos ensina. Mas o tempo só anda de ida.

- Numa vida que passa. É o tempo que pesa. O passado pisa. O futuro posa. E o presente pulsa.

- Um passado mal resolvido estraga o presente e consome o futuro.

- O passado lança luz no futuro. Passado resolvido, futuro promissor. Passado escurecido, futuro comprometido.

- O perdão é uma atitude presente, que redime o passado e salva o futuro.

- Alimentar-se dos capítulos ruins do passado é como comer um prato com o próprio vômito.

- Essa insatisfação crônica com um presente que nos limita no tempo e nos aprisiona em saudades de um passado melancólico e de um futuro pretensiosamente pretendido.

- O presente é essa tentativa de equalizar passado e futuro.

Tenha uma vida boa

Viver tornou-se algo bem complicado, que demanda alguns cuidados fundamentais. Eis alguns. Complete com os que quiser:

Não ande descalço para não machucar os pés.

Tenha medo do novo, permaneça no velho. Não há segurança no novo.

Prefira o previsível. O imprevisível pode te surpreender, pra melhor inclusive. Mas quem precisa de surpresas?

Não tenha amigos para não precisar dividir o que pode ser só teu, para não ter que ouvir lamúrias, preocupar-se se um deles precisar de cuidado, ter quem te diga a verdade quando necessário.

Não sinta o vento bater, nem como brisa, muito menos tempestade.

Banho de chuva, nem pensar. Gripa.

Fuja das praças. Nunca se sente nelas. São perigosas e sujas.

Evite Vinícius, Clarice, Pessoa. Escrevem com o coração, sem nenhum rigor acadêmico. Confundem nossas bases sólidas e imutáveis.

Ivan Lins, Gil, Milton, Paralamas, Djavan, Nando Reis, Cássia Eller, Chico e os demais incitam a mundanidade.

Prefira guardar mais um pouco de dinheiro à sentir cheiros e gostos. O ditado “mais vale um gosto, do que dinheiro no bolso” é uma grande besteira.

Desista logo das coisas difíceis, prefira o que é fácil.

Guarde alguns rancores e nunca dê a outra face. Perdoar é coisa de gente fraca.

Não queira mudar o mundo se as coisas estão bem para você.

Não sonhe, não acredite em fantasias, não propague o “faz de contas”. A realidade é o que é e pronto.

Se quiser chorar, ou segure ou se esconda.

Ame pouco para não machucar o coração.

Acho que já ajuda.

Passará pela vida ileso.

Terá existido, mas vivido?!

A vida muda

Tava subindo a rua do viaduto esses dias e vi a irmã do Renatinho. Nunca soube o nome dela. Sempre foi a irmã mais nova do Portela e do Renatinho.

Ela estava empurrando um carrinho com um bebê.

Imagina. A irmã do Renatinho. O Renatinho já era pequeno, imagina a irmã mais nova.

Mas era ela mesma. Mãe de um bebezinho.

N'outro dia eu tava descendo a mesma rua e vi a tia Lucy. Foi minha professora na terceira série, há 26 anos. Ela estava diferente. Tinha um pano na cabeça. Um lenço bonito, daqueles característicos de quem protege e enfeita a cabeça após um tratamento de quimioterapia, coisa que conheço bem, hoje*. Fiquei sem coragem de parar e perguntar. Os professores são heróis imbatíveis. Não podem adoecer e ferir de morte as nossas memórias mais antigas. Orei uma oração breve, mas não parei.

O fato é que a vida muda. Muda lentamente, muda rapidamente. A vida é viva e tudo o que é vivo, muda.

Muda ao longo dos anos.

Muda de um dia pro outro.

Muda pra melhor, muda pra pior.

Mas muda, sempre.

E quem não estiver disposto a mudar voluntariamente e a aceitar as mudanças impostas pela existência, vai sofrer.

A vida muda e quem quiser vivê-la, tem que mudar com ela.

*Hoje, passando por um linfoma teimoso, a crônica se solidifica em mim, muito mais do que a partir de mim. E como isso é rico, poderoso e bonito. Tia Lucy venceu. Eu tô aqui, lutando. Na terceira edição, conto os detalhes da guerra e a beleza das Vi(c)tórias!

A vida é frágil

Ninguém gosta de notícias ruins. Nem de dar, nem de receber. Mas elas fazem parte do nosso cotidiano.

Dois problemas. O primeiro é nos familiarizarmos com elas. Somos tão sobrecarregados de notícias ruins que tragédias passam a ser encaradas de forma comum, sem nos causar nenhuma espécie. O segundo é desconsiderarmos duas realidades terrivelmente importantes do existir: a brevidade e a finitude.

Semana passada foi um conhecido. Sentiu dores na quinta, internou-se na sexta, faleceu no sábado. Um mês atrás, uma grande amiga, linda, jovem. Diagnóstico de câncer. Há anos, o marido de outra amiga, de adulto, por conta de uma enfermidade no cérebro, vive hoje como criança. De marido a filho. E o filho de um amigo. O irmão de uma amiga. O vizinho de minha mãe. A neta, o sobrinho, o filho, o pai.

Todos estamos rodeados de histórias tristes, longas ou curtas, violentas e inesperadas ou de uma dor crônica e perene. A dor e a tragédia nos lembram sempre que a vida é mais frágil do que consideramos.

Além de rara, como diz o Lenine, a vida é frágil. E essa consciência importante nos dá a maturidade necessária para a vivermos bem, enquanto a temos.

A vida é frágil e, ao inverso do que fazemos com as coisas frágeis, guardando-as com demasiado cuidado, a vida precisa ser vivida, consumida em dias bons, resguardada em dias maus e vivida sempre. Sempre.

A vida é frágil e, de tão frágil que é, precisa ser vivida enquanto é.

A vida, o equilíbrio e os extremos

Pra vida ir bem, há que se equilibrar extremos.

Equilibrar não é eliminar. Não é viver no meio.

A maioria das pessoas abole os extremos.

Tentam de todo jeito viver no meio de tudo.

O meio é medíocre. Medíocre vem de "meio".

Equilibrar extremos é saber a hora de viver de um lado e a hora de viver do outro.

A hora de mergulhar numa ponta e a hora de se proteger na outra.

A vida exige extremos.

Viver demanda extremos.

Quem vive no meio, não vive, sobrevive.

E sobreviver, diante da grandeza da vida, é pouco.

Muito pouco.

O Big Brother nosso de cada dia

Nossa relação com o nosso contexto imediato é dialógica.

Mas, mais do que moldarmos esse contexto, normalmente, é ele que nos molda.

A verdade, gente boa, é que vivemos, todos, num grande Big Brother.

Se não prestar MUITA atenção, o contexto te diminui, te castra, te limita, te emburrece e embrutece, sem que você perceba.

Nossos assuntos se tornam os mesmos de sempre; nossa avaliação, superficial; nossas decisões, egoístas; nosso ethos, competitivo; e nosso comportamento, agressivo, sem que entendamos direito o porquê de tudo isso.

É um cada um contra um monte de gente e vice-versa, em busca de qualquer "milhão" que lhe beneficie em detrimento de uma "causa maior", senão a de vencer a qualquer custo, legitimado pelo olhar alheio do "público" e por um discurso bonito de um "Bial, Leifert ou Schimidt" (nem eles permanecem) da vida.

E nada disso muda o fato de que fomos todos reduzidos a uma competição idiota, com causa própria, com diálogos que não atravessam os muros de nosso egocentrismo, com audiência formada por um bando de desocupados, com relações pueris, vivendo entre oponentes e construindo um castelo de areia chamado de reputação, para submetê-lo não à avaliação de uma boa consciência, mas de um público juízo igualmente medíocre.

E, o pior, vamos aceitando esse dia-a-dia sem percebermos.

Ele vai entrando na cútis e se tornando a nossa pele, a nossa face, a nossa identidade, sem nos darmos conta.

A boa notícia? A vida é bem mais do que isso e um pouco, só um pouco de atenção e de consciência crítica, nos libertam dessa casca fina e imperceptível, mas poderosa.

A ficção imita a vida e vice-versa, nesse #BigBrother nosso de cada dia mas, amigos, a vida foi, é e sempre será bem mais do que isso.

Valha-me, Santa Edwiges

Acabei de descobrir que um desses dias atrás foi Dia de Santa Edwiges, a santa dos endividados.

Tarde demais.

Eu teria acendido uma vela, ou duas. Ou três. Se existir vela retroativa, ainda acendo uma.

A verdade é que eu não estou só. Segundo dados da Federação Nacional do Comércio, 59,8% dos meus irmãos brasileiros estão endividados.

Os créditos mais acessíveis e os parcelamentos "*ad infinitum*", são fatores que contribuem para esse número altíssimo mas, para mim, a principal questão é o nosso desejo desenfreado por consumir, impelidos pela competitividade e pela falta de contentamento.

Não somos satisfeitos com aquilo que temos. Precisamos de mais, cada vez mais. Nosso padrão mínimo é altíssimo e nos impõe uma expectativa sobre a vida - a nossa e a alheia - na mesma proporção, alta demais para uma existência que, se fosse simples de verdade, seria bem mais feliz.

Isso se dá porque nos tornamos competidores numa sociedade de rivais. Precisamos ter para parecer que somos algo e mergulhamos de cabeça nesse engodo, vendendo a nossa paz interior, que não deveria ter preço, por um pouco de aparência, cujo preço é altíssimo.

Lembro-me de um ditado da minha infância: "Compramos o que não precisamos, com o dinheiro que não temos, para impressionar pessoas de quem não gostamos."

Santa Edwiges é a padroeira dos pobres e endividados, pois usou todo o seu dinheiro para caridade, pagando dívidas de presos e construindo escolas e hospitais. Mesmo sendo de família nobre e rica, aprendeu a investir aquilo que tem preço, naquilo que tem valor.

Valha-me, Santa Edwiges!!!

Ajude mais esse endividado e a tantos outros brasileiros que, pra fechar com mais um ditado: "por fora são bela viola; por dentro, pão bolorento."

Salve o carnaval

Que tempo gostoso.

Quando a vida parece irremediavelmente insuportável em suas realidades mais nuas e cruas, a gente põe uma fantasia e sai cantando pelas ruas.

Quando a solidão assola de forma impiedosa, abraçamos qualquer "amigo" vestido do que quiser pela rua. E depois outro. E outro.

Quando a política parece corroer a ética de nosso país pacato, a gente escreve críticas, se veste delas e sai cantarolando sarcasmos afiados contra nossos supremos mandatários.

Quando o cansaço pela demanda de trabalho está para nos exaurir a alma, temos 4 dias diretos de festa e descanso de alma; e ainda uma manhã de quarta para expurgar pecados.

Quando as canções parecem estar se esgotando ou pela ausência de inspiração ou pelo excesso de mercado, nos lembramos e relembramos de um sem número de marchinhas das mais gostosas de se sair cantando por aí.

Quem tem muito ou tem pouco, está bem vestido para a festa, cuja roupa é mero detalhe.

Quem tem muito dinheiro, vai num baile bem chique, mas quem é como eu, segue algum bloco na rua.

Tem quem ache a festa a coisa mais fútil de nossa agenda. Mas quem não precisa de uma dose de fugacidade, amigo?

Tem quem ache um insulto ao sagrado. E o que é mais sagrado do que a alegria?

E os reclamões dizem que é um jeito de se esquecer dos temas mais sérios da pauta do dia. Até nossa memória das coisas que acontecem conosco mesmo, é seletiva. Senão trava.

E logo vai chegar a quinta e todas as normalidades da vida.

Mas, enquanto isso, "abre alas que eu quero passar".

Salve o Carnaval.

Aproveite o seu!

Pelo fim da moralidade

Estou fazendo um abaixo assinado pelo fim da moralidade.

Você pode assinar a partir da linha número dois. A primeira linha é minha.

Entenda bem. Não estou lançando uma campanha em nome da "I"moralidade, mas da "A"moralidade.

Eu entendo bem a função social da Lei, que é a de coibir comportamentos ruins e, pela coerção, gerar comportamentos bons.

Eu entendo a função da ética, que é a de nos ensinar a aplicação pessoal, pelo discernimento, daquilo que temos como o mais certo.

Mas a moral? Pra que serve? Pra legitimar o comportamento de um grupo em detrimento de outro ou do todo? Pra justificar a exclusão de um membro dissonante? Pra eximir da culpa social um grupo que age em nome de seu próprio estatuto?

Ou, pior, pra dar densidade ao machão que bate no peito e repete: "eu sempre estou certo", "sou uma pessoa correta", "minha moral é irrepreensível"; porque paga as contas em dia enquanto maltrata os filhos?! Porque sempre diz "a verdade", mas não sabe o nome do porteiro "subalterno"?! Porque sempre cumpre os horários, mas é igualmente pontual em apontar o indicador ao outro?! Porque sempre diz a verdade, entretanto sem nenhum cuidado ou amor?!

Enfim.

A moral endurece a vida, subverte os bons costumes e enche a barriga da altivez de gente chata e babaca.

Gosto da máxima: "prefiro ser feliz do que ter razão". Desde que a felicidade de um não custe a vida do outro. E, para garantir o equilíbrio da balança, creio que a lei e a ética já são bastiões mais que suficientes.

A moral enchatece as pessoas, reduz as fronteiras da vida e serve mais de arma branca para um determinado grupo do que como um instrumento de regulação social.

Sei lá.

No fim das contas mesmo, eu acho que todo ser cuja moral é elevada demais torna-se, no mínimo, um chatão – no mínimo. Quando não vira um déspota, um julgador, um intransigente.

As pessoas que mais admiro são corretas, mas são humanas; são éticas, porém doces; são gente de bem, sem perder a leveza.

Se quiser subscrever o Abaixo Assinado, me avise, por favor.

E seja feliz.

Penso, logo

Eu descobri qual é o grande problema da vida.

Há milênios, pensadores, pesquisadores, arqueólogos, teólogos, o procuram.

Eu o descobri.

Hoje.

O grande problema da vida chama-se: "razão".

Descobri isso faz uns 15 minutos.

Fui tomar um café, sozinho, embaixo de uma réstia de sol que invadia a sombra de uma árvore e tive essa revelação.

Tudo funciona muito bem sem a razão. Ou melhor, tudo o que não lança mão dela, acontece de forma naturalmente leve e funcional.

Toda a vida que independe da razão, coexiste de forma perfeita. E, se é imperfeita, o é por influência direta da razão.

Se Descartes estivesse ali comigo, corrigiria seu adágio para: "penso, logo estrago".

Eu acordo bem cedo quase todos os dias. A primeira coisa que faço é pensar. Que enfado. Penso que roupa seria apropriada para o dia, penso que a barriga me fez perder a maioria das camisas, penso que preciso pagar as dívidas, penso que estou atrasado, que tenho mais coisas pra fazer do que tempo pra fazê-las, no que está dando errado mais do que no que está dando certo. Olha só. Sem contar as coisas que são importantes, porque tudo isso que ocupou meu pensamento até agora – e nem passou das 8h – é de uma irrelevância patente.

Aí atravesso a rua, depois de iniciar meu dia de trabalho, com um copo de café e um pedacinho de pão, e vejo aquela árvore linda, em pé, firme. O seu Benedito, meu vizinho da direita, joga migalhas de pão duas vezes por dia pras rolinhas que moram no telhado, do outro lado da rua. Quando chego, elas estão ali na sua calçada, tomando seu café, cortesia do seu Dito. O Sol, em sua expressão mais graciosa chamada Outono, ajuda a árvore na sua fotossíntese, protege as rolinhas e, de quebra, ainda esquenta os meus pés sem me cobrar nada.

E a vida irracionalmente bela, leve e livre, segue seu cotidiano quase perfeito, sem ter que pensar em nada.

E eu volto lá pra dentro, pra pensar em como resolver os meus problemas mais ordinários do mundo, afinal, eu penso.

Flor do deserto

Eu tava na casa do Matheus quando percebi, lá no canto, uma flor do deserto seca.

Tem muita planta na casa do Matheus, além de duas crianças, um cachorro, um irmão músico e nenhuma mulher.

Essa equação explica com facilidade o porquê daquela flor que precisa de tão pouca água, estar naquele estado.

Eu também tenho uma que, aliás, me produz uma alegria indescritível quando floresce. E eu só percebi a plantinha ali no canto porque eu tenho uma igual, senão passaria despercebida.

Quieto, peguei um pouco de terra nova, meio litro de água e montei um canto ali pra ela.

Duas semanas depois o Matheus me liga. Velho, sabe aquela planta que tava secando lá no canto do quintal? Pois então, floresceu.

Eu te juro que quase chorei do outro lado do telefone.

E não foi só pela flor.

A vida é assim também.

Pode estar secando, murcha, quase insinuando um final. Aí você vai lá, coloca um pouco de terra nova, meio litro de água, troca meia dúzia de palavras de carinho, um adubo natural, tipo borra de café e pá!!! A vida floresce de novo.

A vida é o bicho mais teimoso desse mundo.

Frágil e teimoso, tipo a flor do deserto.

Este livro foi composto em Utopia Std
para a Editora Ofício das Palavras
em novembro de 2022.